AF268027

L'HERCULE

TERRASSANT L'HYDRE DE LERNE

DE

PUGET

PAR

M. L'ABBÉ PORÉE

Curé de Bournainville

INSPECTEUR DE LA SOCIÉTÉ FRANÇAISE D'ARCHÉOLOGIE

BERNAY

IMPRIMERIE VEUVE A. LEFÈVRE

Rue des Fontaines, 40

—

1884

L'HERCULE

TERRASSANT L'HYDRE DE LERNE

DE

PUGET

L'HERCULE

TERRASSANT L'HYDRE DE LERNE

DE

PUGET

PAR

M. L'ABBÉ PORÉE

Curé de Bournainville

INSPECTEUR DE LA SOCIÉTÉ FRANÇAISE D'ARCHÉOLOGIE

BERNAY

IMPRIMERIE VEUVE A. LEFÊVRE

Rue des Fontaines, 40

1884

Société libre d'Agriculture, Sciences, Arts et Belles-Lettres de l'Eure (Section de l'arrondissement de Bernay)

SÉANCE DU 20 AVRIL 1884

L'HERCULE

TERRASSANT L'HYDRE DE LERNE

DE

PUGET

Le Musée de Rouen vient de s'enrichir d'une œuvre sculpturale de la plus grande valeur, l'*Hercule terrassant l'Hydre de Lerne*, de Puget. Les journaux de Rouen ont salué avec enthousiasme l'entrée au Musée de ce groupe d'un effet grandiose. Une statue de trois mètres de hauteur, dans laquelle on retrouve l'énergie, la puissance, la fougue, toutes les qualités maîtresses du sculpteur marseillais, certes, il y avait de quoi emboucher la trompette, et la presse a plus d'une fois, à moindre compte, crié merveille. S'il appartient aux critiques, aux experts d'apprécier la valeur artistique de la statue et d'en faire ressortir la beauté fière et sauvage, nous pensons avoir qualité pour parler de l'œuvre au point de vue historique, et pouvoir, mieux que personne, raconter les circonstances auxquelles on doit sa découverte, et par suite sa présence au Musée de Rouen.

Le 12 juillet 1882, M. l'abbé De la Balle, alors curé de Saint-Ouen-du-Tilleul, me fit remarquer dans un enclos situé à une centaine de mètres de l'ancien château de La Londe, (1) construit sous Louis XIII, trois énormes tronçons de pierre, gisant au milieu des hautes herbes, et dans lesquels on pouvait à première vue reconnaître un monstre ailé à la croupe repliée, et un torse athlétique avec une peau de lion jetée sur l'épaule. C'était plus qu'il n'en fallait pour désigner Hercule terrassant l'Hydre de Lerne.

La statue était affreusement mutilée ; la tête, les bras, une partie de la dépouille du lion manquaient, ainsi que les têtes de l'Hydre ; mais ce qui subsistait révélait au premier coup d'œil le ciseau d'un maître.

Cette statue d'Hercule, en pierre de Vernon d'un grain très-fin, était formée de trois tronçons sciés parallèlement, et se rajustant au moyen de tenons qui avaient disparu. Le premier tronçon, un peu enfoncé dans le sol, mesurait 1 m. 30 cent. de hauteur, (2) et comprenait l'Hydre terrassé et la partie inférieure du corps d'Hercule, jusqu'au milieu

---

(1) La Londe, canton d'Elbeuf, Seine-Inférieure. — « Le fief de La « Londe, appelé autrefois La Londe-Commin, fut érigé en baronnie du « tems de Louis XII, et en marquisat par lettres-patentes du mois de « mai 1616, en faveur de François de Bigars. Le roi y unit alors les fiefs, « terres et seigneuries de Tourville-la-Campagne, d'Orival, de Saint-Ouen, « de Tuit-Heudebert, de Touberville et autres. » Toussaint Duplessis. *Description de la Haute-Normandie.* II. 348.

(2) Ces dimensions ne sauraient être d'une précision mathématique à cause des difficultés que nous avions à les prendre.

des cuisses ; le deuxième tronçon, du milieu des cuisses aux mamelles, avait 0 m. 80 cent. ; le troisième, des mamelles au milieu du cou, portait 0 m. 70 cent. ; en donnant à la tête et au cou 0 m. 50 cent., on arrivait à une hauteur totale de 3 m. 30 cent. (1)

A en juger par la place qu'elle occupait dans l'enclos, cette statue avait dû se trouver dans l'axe d'une avenue reliant le château de La Londe au parc, dont les murs existent encore dans la même direction, à deux kilomètres de là, vers Saint-Ouen-du-Tilleul. Il est probable qu'à l'époque de la dévastation du château, pendant la Révolution, la statue fut brutalement renversée, les pierres de son soubassement bien équarries furent débitées par les rapaces démolisseurs. Quant à la statue, on la laissa là, par terre ; sa forme, la dureté de la pierre ne permettant pas de l'employer commodément dans les assises d'une construction. C'est ainsi que nous expliquerions sa présence isolée au milieu d'un champ.

Mais quel était l'artiste qui avait exécuté cette grandiose

---

(1) Si l'on en croyait le *Journal de Rouen* du 21 mars 1884, nous n'aurions retrouvé à La Londe, et signalé à M. Le Breton, qu' « un bas de « groupe en pierre. » Selon le *Nouvelliste* du même jour, nous n'aurions parlé, au Congrès archéologique de Caen, que « de fragments de statue » qui ne nous disaient pas grand'chose, et ce serait M. Le Breton qui aurait, sur nos vagues indications, « reconnu le chef-d'œuvre de Puget. » En un mot, c'est à M. Le Breton que l'on fait l'honneur de la découverte de l'Hercule, et c'est d'après ces données entièrement fausses, comme ce Mémoire le prouvera, que la presse de Paris et des départements a parlé de l'Hercule de Puget. Nous protestons avec énergie contre d'aussi misérables moyens mis en œuvre pour nous ôter le mérite de notre découverte, et donner le change à l'opinion dans une affaire où les rôles ont été odieusement renversés. On peut donc redire une fois de plus :

Hos ego versiculos feci, tulit alter honores.

figuré comme on n'en rencontre aucune autre dans nos châteaux normands ? La recherche de cette paternité ne pouvait manquer de piquer notre curiosité. La face de la statue exposée à la pluie et au soleil, depuis bientôt un siècle, s'était couverte, çà et là, de lichens jaunes et gris ; mais en retournant, avec l'aide de mes compagnons d'excursion, deux de ces blocs énormes, nous vîmes que, du côté du sol, la pierre avait conservé sa fraîcheur et son poli. Les dimensions colossales de ce groupe, la sévérité des lignes, la science et la souplesse du ciseau nous faisaient soupçonner quelque grand sculpteur du XVIIᵉ siècle. Evidemment c'était une œuvre de haut goût, et rien ne s'opposait à ce qu'on la signât d'un nom célèbre.

Il me revint en mémoire qu'en 1659 et 1660, Puget avait exécuté, pour le château du Vaudreuil, deux statues en pierre de Vernon, de huit pieds et demi de hauteur, l'une qui figurait Cybèle couronnant Janus d'olivier, et l'autre Hercule. (1) La présence de Puget en Normandie est un fait assez curieux pour être brièvement expliqué.

La terre et seigneurie du Vaudreuil avait été achetée, le 22 décembre 1656, par messire Claude Girardin, conseiller-secrétaire du roi, à Charles de Rambures, comte de Courtenay, pour la somme de 240,000 livres. Immédiatement après, Antoine Le Pautre était chargé de reconstruire le château, dépense qui s'éleva à 350,000 livres. Ces chiffres disent assez

---

(1) « L'Hercule triomphant représentait au sculpteur Louis XIV, « vainqueur de l'Espagnol et des longues factions de la Fronde, et la « Terre couronnant Janus lui représentait la Normandie, la Cérès normande, « rendant grâces au roi de la paix que lui allait donner son mariage avec « l'infante Marie-Thérèse. » (DE CHENNEVIÈRES.) *Les derniers Contes de Jean de Falaise.* Édit. Poulet-Malassis. 1860, page 163.

que Girardin, l'ami du surintendant Fouquet, aimait à faire grand, et qu'il était homme à réaliser toutes ses fantaisies. C'en fut une, et des plus heureuses, que de faire venir de Toulon au Vaudreuil le statuaire chargé d'orner les avenues du parc.

Claude Girardin avait sans doute entendu parler, dans ses voyages dans le Midi, (1) d'un artiste, jeune encore, peintre déjà recherché, et de plus maniant l'ébauchoir et le ciseau avec un entrain superbe. En 1656, les consuls de Toulon l'avaient chargé de sculpter les deux cariatides en pierre du balcon de l'Hôtel-de-Ville. Girardin, grand ami des arts, dut être frappé de l'effet prodigieux de ces atlantes ; et comme il ne savait où trouver un sculpteur en Normandie, il attira Pierre Puget à Paris, et de là l'emmena au Vaudreuil.

Faute de renseignements plus précis, laissons la parole à l'un des premiers biographes de Puget, au P. Bougerel. « L'année d'après (c'est-à-dire en 1659) Puget vint à Paris, « attiré par M. Girardin qui le mena à sa terre de Vaudreuil « en Normandie. Il y demeura jusqu'au 12 juillet 1660. Il y « fit deux statues en pierre de Vernon de huit pieds et demi « de hauteur ; l'une représente Hercule et l'autre la Terre

---

(1) On ignore, à vrai dire, comment Girardin connut Pierre Puget. Plusieurs écrivains ont avancé que, comme il était intendant de Toulon, la rencontre avait été toute naturelle. Mais cela n'est pas prouvé. L'intendant de Toulon, en 1659, était Louis Testard de la Guette. On a probablement confondu Claude Girardin avec Louis Girardin de Vauvray, « conseiller du « Roy en ses conseils, intendant de la justice, police et finances des « armées navales de Sa Majesté ès mers du Levant, réparations et « fortifications des places maritimes de Provence, » poste qu'il occupa de 1680 à 1715. Louis Girardin de Vauvray fut en relations suivies avec Puget à l'occasion du Milon de Crotone. Voyez *Archives de l'art français*, IV, 227 et suiv., et Lagrange, *Pierre Puget*, 188.

« avec un Janus qu'elle couronne d'olivier. Elles furent
« estimées 300 écus pièce. (1) Il travailla encore au modèle
« d'un bas-relief. M. Lepautre, architecte renommé, trouva
« ces ouvrages si beaux qu'il conseilla à M. Foucquet
« d'employer un si habile homme pour les ornemens de
« Vaux-le-Vicomte. » (2)

En moins d'un an Puget avait fait jaillir des entrailles de
la pierre deux groupes de dimensions colossales. C'était
la première fois, depuis les Cariatides de Toulon, qu'il
s'attaquait à de pareilles œuvres. Mais il n'était pas homme
à reculer pour si peu. « Je me suis nourri aux grands
« ouvrages, écrivait-il plus tard ; je nage quand j'y travaille,
« et le marbre tremble devant moi, pour grosse que soit la
« pièce. » (3) Son esprit fiévreux dut tressaillir d'orgueil en
voyant cette belle pierre du nord, qu'il ne connaissait pas
encore, et qui avait presque la délicatesse et la blancheur du
marbre, profiler dans la verdure des grands arbres, sous la
chaude lumière d'un soleil de juillet, les lignes grandioses
de l'Hercule terrassant l'Hydre et de Cybèle déposant sur le
double front de Janus la couronne d'olivier. Lorsque, dix
ans plus tard, Puget fit pour Versailles son fameux Milon de

---

(1) Les deux Cariatides de Toulon avaient été payées 1,500 livres.
Nous avons recherché dans les minutes du tabellionnage du Vaudreuil, que
nous a très-obligeamment communiquées Me Mesnil, notaire à Pont-de-
l'Arche, s'il n'y avait pas eu de marché passé pour l'exécution de ces
statues. Nous avons bien rencontré, aux années 1659 et 1660, plusieurs
transactions portant la signature de Claude Girardin ; mais aucune n'avait
trait aux statues.

(2) Bougerel. *Mémoires pour servir à l'histoire de plusieurs hommes
illustres de Provence*. Paris. 1752. Pag 14-15.

(3) Lettre de Puget à Louvois, du 20 octobre 1683.

Crotone, il se ressouvint certainement de son Hercule du Vaudreuil ; car, en comparant ces deux chefs-d'œuvre, on retrouverait plus d'une similitude, dans les pieds qui étreignent le sol, les jambes sèches et musculeuses, les épaules massives, la tête petite, telle qu'on la donnait aux athlètes de l'antiquité. Hercule, la déification de la force, triomphant de l'Hydre, Milon, le grand lutteur, vaincu dans sa vieillesse, devaient tenter le génie tourmenté de Puget. Comme l'a fort bien remarqué Eméric-David, « il fallait à « son ciseau un drame où se manifestât une passion « véhémente ;...... si l'expression la plus vive a dû éclater « au commencement, au milieu, à la fin de l'action, c'est « toujours cette crise qu'il a choisie. » (1)

Depuis que Dezallier d'Argenville avait mentionné, en 1787, (2) les deux groupes exécutés pour Claude Girardin, en 1660, le silence s'était fait sur l'Hercule de Puget. Le bouleversement qui marqua les dernières années du XVIIIe siècle pouvait faire craindre que le groupe d'Hercule terrassant l'Hydre n'eût été détruit, comme tant d'autres chefs-d'œuvre, ou tout au moins brisé, enfoui, perdu.

En 1847, M. de Chennevières-Pointel se rendit au Vaudreuil pour rechercher les peintures que Jehan Coste avait exécutées au XIVᵉ siècle pour le château royal du Val-de-Rueil. Le château gothique avait disparu. Pendant son voyage, le jeune touriste avait recueilli quelques

---

(1) Eméric-David. *Discours sur la vie et les ouvrages de Puget.* Pag. 288.

(2) *Vies des plus fameux architectes et sculpteurs depuis la Renaissance des arts avec la description de leurs ouvrages,* par M. D... (d'Argenville). Paris 1787, II. 185.

légendes, de date plus récente, ayant trait au château du marquis de Girardin, ainsi qu'aux deux groupes d'Hercule et de Cybèle, exécutés en 1660. Mais, hélas ! il n'y avait pas plus trace des œuvres de Puget que des peintures de Jehan Coste. M. de Chennevières se dédommagea, et ses lecteurs lui en surent gré, en écrivant une charmante nouvelle, intitulée *Suzanne ou la Terre normande*, dans laquelle il faisait vraiment revivre, sous son style coloré, Puget, son modèle de la Cybèle et le marquis de Girardin. On pouvait, en le lisant, se croire transporté au Vaudreuil, en plein xviie siècle. (1)

Une notice de M. Henry, ancien archiviste de la mairie de Toulon, publiée en 1853 dans les *Mémoires de la Société des Sciences, Arts et Belles-Lettres de Toulon*, produisit sur Pierre Puget un certain nombre de documents inédits, et jeta un jour nouveau sur le rôle de Puget comme sculpteur de décoration navale. L'œuvre de M. Henry fut reprise au même point de vue par M. Margry, archiviste du ministère de la Marine, auquel on doit la publication, dans les *Archives de l'Art français*, (2) de plus de quatre-vingts lettres ou extraits de lettres, adressés à Colbert par les intendants de la marine à Toulon. Aucun de ces Mémoires ne parlait de l'Hercule du Vaudreuil.

M. Léon Lagrange, dans sa belle histoire de Puget, reprit la question et essaya de l'éclaircir au moyen de quelques hypothèses ingénieuses. Après avoir cité le passage du

---

(1) *Les derniers Contes de Jean de Falaise;* édit. Poulet-Malassis. 153 à 178.

(2) *Archives de l'Art français.* IV. 225.

P. Bougerel où il est parlé des ouvrages de Puget pour le marquis de Girardin, il écrivait : « Des deux statues et du « bas-relief, point de nouvelles. Aucun des historiens de « Puget n'a décrit ces œuvres de sculpture. Ils se bornent à « reproduire le récit de Tournefort, copié presque sans « changement par Bougerel. » (1) Dans le catalogue très-détaillé qu'il donne des œuvres du maître, le même écrivain ajoute : « N°s 59 et 60. Hercule et la Terre, en « pierre de Vernon, 1660, pour M. Girardin, au Vaudreuil « en Normandie ; travail attesté par tous les historiens « depuis Tournefort et Florent le Comte, et qui subsiste « peut-être quelque part. La terre cuite de M. His de la « Salle (n° 106 du catalogue Lagrange), pourrait bien être « la maquette de cette statue d'Hercule. » (2)

Selon l'historien de Puget, cette terre cuite figurant Hercule « assis sur un rocher, sa massue sous le bras droit, « le bras gauche ramené sur la massue, la tête et le corps « tourné vers la gauche, » aurait été ou la première idée de l'Hercule gaulois, idée complètement modifiée dans l'exécution, ou plutôt la maquette de l'Hercule du Vaudreuil. « Je m'arrêterais plus volontiers, disait M. Lagrange, à cette « dernière hypothèse. » (3)

---

(1) Léon Lagrange. *Pierre Puget*. Page 59. — Voici le passage de Tournefort : « Il (Puget) vint à Paris en 1659, attiré par M. Girardin qui « pendant quelque tems l'occupa dans son château de Vaudreuil en « Normandie, à faire deux grandes figures en pierre de Vernon. Monsieur « Le Pautre, les trouva si belles qu'il conseilla à Monsieur Fouquet « d'employer un si grand homme pour les travaux de Vaux le Vicomte. » Pitton de Tournefort, *Relation d'un Voyage du Levant fait par ordre du Roy*. 1717. Pag. 11 et 12.

(2) Léon Lagrange. *Pierre Puget*. Page 371.

(3) Léon Lagrange. *Pierre Puget*. Page 384.

Comme il n'existait, de l'Hercule de Puget, aucune description détaillée qui eût rendu l'identification facile, nous dûmes appuyer nos suppositions sur d'autres données, plus restreintes quoique précises. Il en est deux qui nous ont semblé péremptoires, et qui, jointes au caractère sculptural de l'œuvre, équivalent pour nous à la signature de Puget que portait vraisemblablement autrefois la base mutilée du groupe.

Bougerel dit que les statues exécutées par Puget, en 1660, étaient en pierre de Vernon et avaient huit pieds et demi de hauteur. Or, l'Hercule que nous trouvâmes à La Londe était en pierre de Vernon, et en mesurant la statue seule, nous arrivions précisément à cette dimension de huit pieds et demi, c'est-à-dire 2 m. 80 cent. (1) L'Hercule de La Londe ne pouvait être que l'Hercule du Vaudreuil, et cette coïncidence de deux statues de même hauteur, de même matière, figurant le même héros mythologique, était tellement étrange, qu'elle ne trouvait de meilleure explication que dans l'existence d'une seule et même œuvre.

On peut se demander, il est vrai, comment l'Hercule a été trouvé non pas au Vaudreuil, mais à six lieues de là, à La Londe. Nous répondrons, à défaut d'un renseignement positif, que le domaine du Vaudreuil a été échangé ou aliéné cinq ou six fois en moins d'un siècle, et qu'il n'est pas impossible qu'au cours de l'une de ces ventes, les œuvres d'art qui ornaient le château aient été dispersées et aient pris le chemin de quelque somptueuse résidence, telle que

----

(1) Notons en passant que le Milon de Crotone mesure 2 m. 70 cent. de hauteur, les Cariatides de Toulon 3 m. 18 cent., et le groupe de Persée délivrant Andromède 3 m. 20 cent.

celle du marquis de La Londe, qui trouvait peut-être là l'occasion de prendre une revanche de l'insuccès des revendications de ses ancêtres sur le fief de la Salle du Bois, au Vaudreuil. (1)

Du jour que j'eus retrouvé l'Hercule de Puget, je m'occupai de rechercher tous les documents qui pouvaient m'aider à faire la lumière sur ce point de l'histoire de l'art français. D'abord, dans les derniers jours d'octobre 1882, M. l'abbé De la Balle, qui prenait le plus vif intérêt à cette affaire, voulut bien se charger de faire remettre momentanément sur pied la statue, et de la faire photographier sous trois aspects.

Je fis part de cette découverte à quelques personnes,

---

(1) Le correspondant du *Nouvelliste de Rouen* (21 mars 1884), dans l'article intitulé *le Roman d'une Statue*, sans doute parce que l'auteur ne se proposait pas de faire de l'histoire bien sérieuse, dit que « le château de « Vaudreuil passa de M. de La Londe, par les Coigny, dans la famille du « maréchal Sébastiani. » Le chroniqueur aurait bien dû citer le document qui lui avait révélé cette appartenance inédite. Les Bigars de La Londe n'ont jamais possédé la seigneurie du Vaudreuil, mais seulement la Salle-du-Bois, quart de fief, et Maigremont, plein fief de la mouvance du Vaudreuil. En 1659, Nicolas Le Cordier du Troncq, marquis de La Londe du chef de sa femme Catherine de Bigars, fit opposition, lors du décret de la châtellenie du Vaudreuil, à l'inscription du fief de la Salle-du-Bois parmi les tenures nobles de la châtellenie du Vaudreuil, et prétendit que la sieurie de la Salle et le fief de Maigremont relevaient du marquisat de La Londe. Mais on passa outre. Nicolas Le Cordier eut un fils qui vendit, le 2 octobre 1691, une partie du fief de la Salle à Louis Girard de La Cour des Bois, seigneur du Vaudreuil, et le roi, par lettres-patentes de 1698, désunit et démembra de ce fief toutes les mouvances, tenures, avec basse-justice et autres droits acquis par le sieur de La Cour des Bois, du sieur de La Londe, dans les paroisses de Saint-Pierre et de Saint-Etienne-du-Vauvray et Portejoie, et les incorpora à la châtellenie et justice du Vaudreuil. — La seigneurie du Vaudreuil, achetée par Claude Girardin le 22 décembre 1656, n'était pas demeurée longtemps entre ses mains. Ruiné par la construction de son château, Claude Girardin dut, dès le 4 septembre 1669, donner ce domaine en paiement de ses dettes, pour 350,000 livres, à Anne de

notamment à M. de Chennevières, directeur honoraire des
Beaux-Arts. Outre sa compétence exceptionnelle que je me
plaisais à invoquer, l'auteur de *Suzanne* devait, me
semblait-il, avoir la primeur de cette bonne nouvelle. Voici
ce qu'il me répondit le 13 juin 1883 : « Je vous remercie
« beaucoup de l'envoi de vos deux photographies représentant
« les fragments du groupe d'Hercule terrassant l'Hydre de
« Lerne, et surtout de la lettre qui m'explique votre
« très-intéressante trouvaille. Il n'y a rien dans la composition
« et le mouvement de la figure, ni même dans l'exécution de
« la sculpture qui ne s'accorde avec l'attribution à Puget. Ce
« qu'on peut juger, par la photographie, des formes du torse,
« du pied replié, et des plis de la draperie et des anneaux

Villiers, veuve de Pierre Girardin, son frère, alors remariée à Louis Girard
de La Cour des Bois. Quelques années après, la dame de La Cour des
Bois céda le Vaudreuil en échange à son mari. Louise Girard de La Cour
des Bois épousa en 1678 le président Nicolas-Louis de Bailleul. Le 3 avril
1702, le président de Bailleul vendit le Vaudreuil à son neveu, Louis Rose
de Coye, pour 236,000 livres. Ce dernier, tué en Italie, à la tête de son
régiment, le 23 août 1706, laissait pour héritières sa sœur Rose-Madeleine
Rose, épouse d'Antoine Portail, avocat-général, et Louise de Bailleul, sa
mère, remariée à Jean Aubry, marquis de Vattan. En 1712, une transaction
fut passée entre les héritiers de Louis Rose de Coye, et le Vaudreuil resta
au président Portail, lequel mourut le 3 mai 1736. Le 25 mai 1742,
Rose-Madeleine Rose vendit la nue-propriété du Vaudreuil au riche financier
Joseph Bonnier ; mais le 16 décembre suivant, Jean-Louis Portail exerça la
reprise de la terre du Vaudreuil à titre de retrait lignager. Vers 1758,
Louis-Gabriel, marquis de Conflans, épousa Antoinette-Madeleine-Jeanne
Portail, d'où Louise-Marie, mariée en 1775 à François-Marie-Casimir de
Franquetot, marquis de Coigny. Le marquis de Conflans, seigneur du
Vaudreuil, mourut le 26 février 1789, à l'âge de 53 ans. Sa fille, la
marquise de Coigny, demeurée veuve, conserva le Vaudreuil et maria sa
fille, Jeanne-Françoise de Franquetot de Coigny, au comte Sébastiani della
Porta, maréchal de France. — Voir : P. Goujon. *Histoire de la Châtellenie
du Vaudreuil*, passim. A. Le Prevost, *Mémoires et Notes*. II. 503.
Charpillon et Caresme. *Dictionnaire historique de l'Eure*. II. 614 et 615.

« de l'Hydre, rappelleraient bien la manière de l'artiste.......
« En tout cas, il serait bien intéressant que votre curieuse
« trouvaille rencontrât un asile digne d'elle dans l'un de nos
« musées normands, celui de Rouen par exemple. On a
« recueilli et réparé précieusement des fragments de statues
« antiques qui n'avaient pas son importance au point de vue
« de l'art. Une statue de Puget, il n'y a qu'en Normandie
« que cela court les champs. C'est une très-bonne occasion
« que celle du prochain Congrès archéologique de Caen pour
« mettre au jour une si heureuse découverte, et je compte
« bien me régaler de votre Mémoire dans le Bulletin que
« publiera, à coup sûr, ce Congrès. » (1)

Une telle lettre était de nature à vaincre mes dernières
hésitations, si j'en avais eu. De plus, M. Palustre, directeur
de la Société française d'archéologie, que j'avais rencontré à
Paris, au mois d'avril 1883, au Congrès des Sociétés
savantes, m'avait fortement engagé à présenter au Congrès
archéologique, qui devait tenir ses séances à Caen, en
juillet, un Mémoire relatif à l'Hercule de La Londe. Ce fut
ainsi, en effet, que j'intitulai la communication que je fis au
Congrès de Caen, le 18 juillet 1883.(2) Les conclusions que
je formulais, en attribuant à Puget l'Hercule de La Londe,
furent fort applaudies et unanimement adoptées par le
Congrès.

---

(1) Lettre de M. le marquis de Chennevières du 13 juin 1883. Le
Nouvelliste de Rouen est donc assez mal inspiré de dire que « M. de
« Chennevières sera surpris d'apprendre que l'Hercule terrassant l'Hydre de
« Lerne est aujourd'hui la propriété de la ville de Rouen. » M. de
Chennevières savait, depuis le mois de juin 1883, que l'Hercule de Puget
était retrouvé.

(2) *Bulletin monumental,* année 1883, page 662.

M. Gaston Le Breton, directeur du Musée céramique de Rouen, qui entendait pour la première fois parler de l'Hercule trouvé à La Londe, s'empressa de me demander, à la fin de la séance, s'il serait possible d'obtenir cette statue pour le Musée de Rouen. Je répondis, qu'habitant le département de l'Eure, je devais proposer d'abord l'acquisition au Musée d'Evreux ; mais que dans le cas où Evreux se désintéresserait de la question, mon concours lui était acquis d'avance pour faire entrer la statue au Musée de Rouen.

Les démarches que je fis, à la fin du mois d'août, (1) près de la Commission administrative du Musée municipal d'Evreux, demeurèrent infructueuses. On trouvait la statue trop mutilée ; l'attribution que je donnais ne paraissait pas bien certaine. Bref, je compris, à mon grand regret, que le Musée d'Evreux était fermé à l'Hercule de Puget.

J'écrivis donc à M. Le Breton, au commencement de janvier 1884, pour lui dire que le champ était libre, et que M. l'abbé De la Balle, qui s'était, sur mes instances, rendu acquéreur de la statue dès le 27 juillet 1883, (2) était prêt à entrer en négociation avec lui.

M. l'abbé De la Balle, mon compatriote, fit généreusement don au Musée de Rouen de la statue dont il était possesseur; et M. Le Breton, dans un voyage à La Londe, le 13 février 1884, (3) trouva l'Hercule plus mutilé encore que je ne

---

(1) Lettre à M. le Président de la Commission administrative du Musée municipal d'Evreux, du 30 août 1883.

(2) Lettre de M. l'abbé De la Balle, curé de Saint-Ouen-du-Tilleul, du 27 juillet 1883.

(3) Lettre de M. Gaston Le Breton, du 14 février 1884.

l'avais vu. Des mains imbéciles avaient commencé à scier la jambe gauche. Il était donc grand temps de donner un asile à cette précieuse épave artistique. Dans les fouilles qu'il fit exécuter dans l'un des bassins du « légumier » du château, M. Le Breton retrouva la tête de la statue, complète quoique brisée en morceaux, et plusieurs fragments importants, dont la nature n'était pas indiquée. (1) « Une restauration est « donc nécessaire ; mais lorsqu'elle sera accomplie par l'un « des habiles praticiens du Louvre, l'Hercule se dressera « aussi superbe qu'il était, il y a deux cents ans, terrassant « l'Hydre dont la queue enroule ses flancs dans les dernières « convulsions de l'agonie. » (2)

Il ne nous en coûte nullement de reconnaître que M. Gaston Le Breton, directeur du Musée céramique, a pris, depuis le mois de janvier 1884, une part très-active à cette affaire menée à si heureuse fin pour le Musée de Rouen. (3)

---

(1) Lettre de M. Gaston Le Breton, du 19 mars 1884.

(2) *Nouvelliste de Rouen*, du 21 mars 1884.

(3) Dans la séance du Conseil municipal du 28 mars 1884, « M. le « Maire de Rouen, après avoir rappelé le don fait au Musée de la statue « d'Hercule, a proposé de donner à M. Gaston Le Breton, auquel on doit « la propriété de cette œuvre, une médaille d'or aux armes de la ville, en « témoignage de reconnaissance pour les nombreux services rendus par » lui. » — *Journal de Rouen* du 30 mars 1884. Le même compte-rendu ajoutait : « Des remerciments sont adressés à M. l'abbé De la Balle pour « la part prise par lui dans la cession de l'œuvre du Puget. » Il n'est pas exact de dire que M. l'abbé De la Balle ait « pris une part à la cession de « l'œuvre de Puget ; » il l'a généreusement donnée au Musée de Rouen ; c'est donc à lui, plus encore qu'à M. Le Breton, que la ville « doit la propriété de cette œuvre. » Mais il sera dit que l'on aura poussé jusqu'au bout l'équivoque, et que le donateur de la statue de Puget, qui, par patriotisme, ne l'a voulu laisser entrer que dans un Musée normand, aura reçu, pour toute récompense....... « des remerciments. »

Mais nous croyons que son mérite eut grandi, aux yeux de ses amis, s'il eût prévenu les exagérations étranges auxquelles s'est laissée emporter la presse rouennaise.

Pour nous, qui avions rêvé pour notre Hercule (nous employons à dessein ce mot) une place d'honneur au Musée d'Evreux, nous n'avons point vu notre espoir se réaliser. Toutefois, nous éprouvons un légitime orgueil à penser et à dire que sans notre découverte du 12 juillet 1882, l'Hercule de Puget, aujourd'hui tant admiré au Musée de Rouen, giserait encore ignoré à l'heure qu'il est, et sans doute pour longtemps, dans l'enclos abandonné de La Londe.

Bernay — Imprimerie veuve A. LEFÈVRE.